Mamede de Alcântara

O último caldo da laranja

KOTTER
EDITORIAL

Coordenação editorial: Sálvio Nienkötter
Editor-executivo: João Lucas Dusi
Editor-assistente: Claudecir de Oliveira Rocha
Capa: Miranda Camacho
Design editorial: Carlos Garcia Fernandes
Preparação de originais e revisão: O Autor
Produção: Cristiane Nienkötter

Dados Internacionais de Catalogação na Publicação (CIP)
Angelica Ilacqua CRB-8/7057

A319u

Alcântara, Mamede de
O último caldo da laranja : rupturas corpo e alma / Mamede de Alcântara. – 1. ed. – Curitiba : Kotter editorial, 2024.
104 p.

ISBN 978-65-5361-356-0

1. Psicanálise 2. Psicologia 2. Autoconhecimento I. Título II. Vasconcellos, Pedro Lima

CDD 150.195

24-4388

KOTTER EDITORIAL

Kotter Editorial Ltda.
Rua das Cerejeiras, 194
CEP: 82700-510 - Curitiba - PR
Tel. + 55(41) 3585-5161
www.kotter.com.br | contato@kotter.com.br

Feito o depósito legal
1ª Edição
2024

Mamede de Alcântara

O último caldo da laranja

Sumário

Introdução

Jeito certo de amar, hora e lugar para fazer sexo, com quem é certo ou não, pareceria, antes um manual do que a resposta que cada ser dá em sua característica peculiar. Em que se apoia, embasa, circunstâncias em que se vive mais para satisfazer vontades, e quais na relação com o meio ao seu redor, mistura-se a ele; abre mão da sua liberdade e se entrega ao ditador.

Quando a ficha cai, pela tomada de consciência e avaliação, antes de qualquer outra coisa, faça-se o autor da sua história. Sobremaneira em ocasiões em que os tesouros escondidos em si ainda não foram descobertos, bem como estarão mais valiosos pela escassez do tempo sem fartura à frente, mas o último caldo da laranja, na ruptura corpo-alma.

De essência animal irracional parida para o todo e sempre, mas com seu pedaço racional, ora a razão e ora a irracionalidade, mudamos as nossas emoções, assim como as imagens do mundo em que vivemos. As impurezas da atmosfera ao misturarem-se à luz do sol no amanhecer produzem seu crepúsculo. Nós nos individuamos, no entanto, pelas propriedades mentais, que podemos dizer: é de nossa autoria. De um lado, o ser com maior potencial para alçar voo para fora do casulo, pela idiossincrasia peculiar de fora da caixa. De outro, opostamente conduzido a se confinar na própria solitária pelo que foi levado a sentir e a pensar. É natural o gênero de consciência heterônoma, sob a vontade de outros, quando se é criança, tendo em vista que não sabe se orientar. Ainda assim, o ombro ao qual se apoia, distingue-se, quando a monitora com estímulo, de modo que ela seja cada dia mais a sua resposta. Chega à consciência autônoma em suas tomadas de decisões, assim como em uma emergência médica em que se ultrapassa o sinal vermelho visto que a vida é mais importante do que a regulação.

Complexidades se ampliam quando vê a felicidade mais importante que o moralismo heterônomo; moralismo se autodefine com data de validade vencida contraproducente. Ser autor de si mesmo é ter a vida em suas mãos. Na contramão, será de outros. E o retorno é a travessia sem estrada percorrida, mas pelo mergulho feito em si mesmo, quando egos totalitários se derruem e não mais provocam rupturas com o corpo. Percebe que o interdito da conexão com a felicidade, a saúde, a liberdade é seu bem ativo de maior valor. Da conexão com a sua melhor versão.

Sem liberdade não há criatividade; sem esta, desperdiça potencial e cria o agouro do seu fracasso.

Na metáfora da laranja feita, por cada gomo chupado afeta o seu gosto, de modo que pede novos ingredientes que destravem o que ainda dá um bom caldo. O tema não é sobre sexo, mas sobre como viver. E sexo não fica de fora. Desperdiçá-lo é inadequação psíquica.

Ainda dá um bom caldo
Com pimenta, sururu, limão
Ingredientes que destravam
O caldo da laranja

1 – Consciência heterônoma e Consciência autônoma

Até certa altura, a consciência da criança se constrói de forma heterônoma, sem autonomia. Submete-se às vontades parentais, inevitavelmente, pois ainda está vazia de orientação por si mesma. Com o tempo, cada vez mais ela saberá tomar suas próprias decisões, como o adulto que rompe regulações na emergência médica, furando o sinal vermelho, pois a vida é mais importante. No entanto, furar o sinal para ser feliz, em todo e qualquer tempo oportuno, é uma característica peculiar. A maioria não a dispõe, tendo em vista haver desperdiçado oportunidades de resgate das elasticidades mentais.

O moralismo heterônomo no clã, onde a elasticidade mental foi obstada, é evidente: pai, mãe, irmãos, avós, tios. O pai ordena ao filho de 14 anos: "Pegue água e sirva o tio que foi recebido em casa". Depois, ele estará casado, morando fora, trabalhando, ganhando várias vezes mais que o tio. Ainda nessa hierarquia da regulação do clã, se o sobrinho permite que o tio não só lhe ordene, mas o admoeste e até por "chifre na cabeça de cavalo", problema só na cabeça do tio e mesmo se tivesse não lhe diria respeito; revelaria apego negativo à hierarquia parental, ainda que nem ao menos pense, mas obscurece, afeta tomada de decisões que lhe diz respeito. É natural ouvir conselhos de quem nos afeiçoamos, sejam irmãos, tios, pais, colegas de trabalho, amigos, mas com autonomia da escolha de quem ouvir e de que ajuda; ajuda é civilidade sem importar a quem. Um filhote de tigre encontrado sem a proteção da genitora que morrera na selva é trazido para a fazenda e conduzido a amamentar na vaca. Quando já consegue se virar sozinho, é devolvido à selva, mas uma bela noite surpreende ao vir dormir no meio dos bovinos, no pasto. Inusitada relação de parentesco por afinidade, porém, não se confunde com regulação imposta.

Hellinger, Bert. *Meu trabalho. Minha vida. A autobiografia do Criador da Constelação Familiar* / com Hanne-Lore Heilmann; tradução Karina Jannini. São Paulo: Cultrix, 2020 (p.55): "Quanto mais rápido nos prepararmos para o novo, tanto mais rápido o velho ficará para trás." Aos 78 anos de idade, o ex padre Bert Hellinger (1925-2019) se casou pela segunda vez, depois de ter se separado da primeira esposa. A nova esposa era bem mais jovem do que ele.

Prisioneiro alemão, sobrevivente da Segunda Guerra Mundial (1939-1945), tornou-se padre e, posteriormente, deixou de ser. Hellinger (p.85):

> Para meu afastamento da imagem que a Igreja faz de Deus também contribuiu o fato de que passei a me preocupar cada vez mais com a função especial dos padres. Segundo a concepção geral, os padres estão a serviço de

> Deus. Proclamam a sua vontade. Neles, Deus está presente para seus fiéis.

Hellinger (p.87): "O que nos aconteceria se já não houvesse nenhum sacerdote?". Em algumas nações, o exame sociocultural revela que o papel do sacerdote tem sido cada vez menos aproveitado, tornando-se cada vez mais descartável com o passar dos dias.

Hellinger jogou fora o padre que ele foi sem fazer elogio.

2 – A vida: o que está bom e o que jogar fora

No exercício de uma função, que é a relação de um conjunto de habilidades com outro, ver a fruta no ponto de ser colhida no pé e a outra caída, aproveitando ou descartando-a. Mais que outras espécies animais, a humana não apenas se locomove, distingue-se pelo potencial de pensar. Pede desafios, no entanto, para aproveitar melhor e desperdiçar menos, não se deixando ser conduzido ambientalmente como líquido numa seringa levado ao orifício, mas sendo a sua própria resposta, a qual é de sua autoria.

Na essência irracional, a raça do cavalo é formulada pelo homem. O pedigree define quem puxa a carroça e quem é reprodutor. O primeiro trabalha duro, desumanamente com imposição do humano; o segundo faz sexo. Em nós, somos educados para nos conduzir com boas maneiras, com hora e lugar certos para o sexo, com quem fazer ou não. A monogamia, na espécie humana, é uma ordem de grandeza sociocultural majoritária, consequente da evolução, mas não se confunde com fidelidade, que é uma expectativa sociocultural. Esse senso comum social, a fidelidade, na medida em que é majoritariamente descumprida, tem se revelado contraproducente.

No começo, fiel com enredo do castelo de areia na praia. A hospedagem termina a validade, as chamas se transformam em cinzas, o castelo desmorona e os ventos carregam seus grãos. A infidelidade se reconstrói em novo castelo; dá vazão à vida fora das regras. Criam-se, portanto, contrapontos. A infidelidade denuncia a data de validade da intensidade amorosa. Não imune ao ar parado, sossegado, que, de repente, desassossega-se, vira vento não domado ou confinado. Torna-se águas correntes, em suas descidas nas curvas, produção de cachoeiras; não alimenta monstros. Dá vazão à intensidade da vida, do exercício para viver, opostamente ao exercício para morrer, na regulação como líquido da seringa, saído por aquele orifício, sem a amplidão do ser.

Quando não deixamos que a nossa história seja terceirizada, a única meta do exercício de viver é viver. Seguidor, não importa do quê, é como seguir a moda. Mas não porque está na moda é imposição seguir, inobstante sua renovação de imagens, assim como as estações do ano.

3 - A moda não é caipira, mas quem a segue é meio caipira

O provérbio "caipira só come o que conhece" se aplica àqueles que, se não é moda, não vestem; esse é o caipira da moda. A caipirice sublimada, a da moda, troca as peças do armário. Não se protegeu do efeito colateral das mulheres magérrimas, com bunda que não desperta tesão, adoece e se autodevora.

A imagem sociocultural em seu comportamentalismo é consequente da mecânica animal, à qual adestra o cidadão mediano, como aquele que anda na moda. O mediano não está nem em baixo nem em cima, mas nem por isso lhe confere o destaque do brilho.

Contudo, não se confunde com não gostar ou ter identidade com esse ou aquele modelo de roupa, mas quando se torna o caipira da moda.

Não é proposta da moda a égua de raça que mexe as ancas. É uma criatividade peculiar, marcada pela irracionalidade, à qual o moralismo contraproducente interdita. Aproveita a cabeça fora da caixa, hipnotizando olhares por onde passa e, quando se senta, dá lances, cruza e descruza as pernas. Propositadamente, usa lingerie verde, conotando trânsito livre depois do expediente. É produto da moda, a modelo com expressão de carne e osso, olhar cadavérico, que se sente velha aos 30 anos de idade. Sofre de bulimia e anorexia nervosas, põe em risco a vida, nega o ser erótico que se cumpre em sua essência. No feminismo, em seu contraponto sem elasticidade mental, a mulher não se veste sensualmente para o homem; contudo, é sua autonomia producente quando homens são o alvo delas.

A toxicidade que não leva em conta a circunstância, mas a regulação, do caipira da moda ou caipira do feminismo, na medida em que é contraproducente, cede espaço para que as cadeiras no mundo rodem em novos espaços onde há elasticidade mental pela travessia íntima que se faz.

4 - A rodada das cadeiras

A vida se movimenta, expande-se. No homem, ela pensa e, em seu desempenho, roda sua cadeira no seu espaço de manobra, expandindo a elasticidade do espaço pelo qual se promove.

Mudam as visões, as condutas e os problemas: efeitos colaterais de como se conduz. Em profissões como a nossa, a psicologia, com quatro décadas de atendimento, os problemas da primeira década e os da última mudaram significativamente.

O estratagema que fabricava Cinderelas: a mãe treinava as filhas para, submissamente, identificar o príncipe (o bom partido). Quando conheciam um rapaz, logo perguntavam: "Onde você mora?" e dispensavam-no ao saber que não era no Palácio Encantado. O príncipe era como a alta costura, peça exclusiva e rara, enquanto as Cinderelas eram peças costuradas nas confecções de quintal, fixando a etiqueta e levadas para a loja, à espera de um príncipe que as levasse para o seu palácio.

A evolução da rodada das cadeiras

Nos anos 70, quando ainda estávamos no segundo grau, em Belo Horizonte, surgiam os institutos e faculdades particulares como opções de ensino superior, algo que se espalhou por todo o Brasil. A migração de jovens de cidades pequenas para trabalhar e estudar nas capitais trazia suas vicissitudes sociais na divisão da sala de aula com nativos: havia a barreira do nariz empinado manifestada: "deixa a roça, mas a roça não lhe larga". Jovens de fora se vestiam com outro estilo, menos elegante e falavam errado. Mas as rodadas das cadeiras se dão. Em uma ordem de grandeza: realeza com príncipes, o clero e a nobreza ocupavam as primeiras cadeiras no mundo; porém, se contraproducente, a cadeira sofre declínio.

Após a Segunda Guerra Mundial, da qual Hellinger foi prisioneiro salvo, ele se tornou padre e, no seu retorno à Alemanha, ao final de 1969, percebeu (p. 79): "Na época, os padres tinham uma posição privilegiada e distante da realidade. Eram os pastores, e os fiéis eram as ovelhas." Esse foi o exame feito. Com o passar dos dias, ele abandonou o padre que havia se tornado. A dinâmica de grupo em psicologia, que ainda era novidade nas escolas de psicologia na Alemanha, levantava a pergunta: o que é mais importante, o indivíduo ou a regulação? A igreja derreteu para o então padre Hellinger. Ele percorreu muita estrada física, mas a travessia de suas fronteiras íntimas foi a que revolucionou e transformou sua vida. E esse é o convite: que travessia íntima em si se recusa? Ao que teme, sai pela tangente.

5 - Mulher e homem: duas concepções de cadeiras ocupadas

Duas concepções de cadeiras ocupadas: produções socioculturais que determinam papéis. Em um marco histórico como a última guerra mundial (1939-1945), antes dela, a mulher era obstada de trabalhar fora. Interditada em sua peculiaridade idiossincrática, sendo conduzida pela seringa social ao senso comum. A esperteza da Cinderela atrás do bom partido, tendo de encolher seu pezinho para o tamanho que o príncipe determina.

Sem manual, mas com respeito à perspectiva que é a do outro. Hoje em dia, a ex Cinderela, em sua irracionalidade imoral socializada: do batom que faz de sua boca a vagina, égua de raça que balança com charme suas ancas, chama atenção e hipnotiza por onde passa; não é impedida de ocupar gerências pela competência. A coragem corrobora o inconsciente coletivo de Lilith, personagem mitológica que recusa a seringa, não se encolhe nem tem que sair por aquele orifício.

Alcântara, Mamede de. *A missão da roupa: Da moda ao discurso nas performances*, São Paulo, Editora Porto de Ideias, 2010 (p.71): "Lilith, 1892, de John Collier". A pintura de

Collier (1850-1934) mostra Lilith nua, com uma cobra envolvida sobre o corpo.

Fora da seringa, contudo, é árvore que sobressai no meio das outras e sofre a pressão dos ventos. A psicologia do bicho: impõe medo. Com medo, corre. E o bicho dominante corre atrás. Lilith não teme a cobra; contudo, a mulher atual, majoritariamente, ainda é Eva. Sobremodo as sexagenárias ou aquelas que se aproximam dessa nova terra, destacam-se no padrão que se vê na multidão. A tela de pintura de Lilith será apresentada a seguir.

Figura 1: Lilith, 1892, de John Collier.

6 - O universo é maior do que nós

O universo, incomensurável, não se encolhe nem nos faz caixas vazias, sem vida. E a vida que brilha não fabrica suas doenças nem trava emoções naturais que são a sua resposta.

Átomos, células, a pedra em suas composições de pura confusão, o cristal com elas bem definidas e transparentes, a terra, a água, o céu com estrelas: tudo ainda sem certo e errado. É a ordem de grandeza universal.

Antes, fez-se desrespeito à naturalidade do ser, do que traduzir imoralidade: esconda tudo, na mulher, seu corpo totalmente coberto – o verniz. Nem pernas antigamente ficavam de fora. Estratagema, consciente ou não, foi funesto, como meio de controle, desde pela culpa incutida corroborada pela mitologia, como no mito de Sísifo: ele subia a montanha com uma rocha sobre as costas, contraproducente; quando quase chegava ao topo, ela escapava e rolava montanha abaixo. No dia seguinte e para todo sempre, repetia a tarefa árdua, tendo em vista que ele havia enganado os deuses, assim como ao comer o fruto proibido. Esse é o adoecimento sociocultural e quanto mais se adapta o indivíduo à sua sociedade doente, mais incurável se torna.

O universo é maior do que nós, o moralismo que não ignorou grandes cabeças se viu maior do que ele. Essa é a própria loucura; na sua mania de grandeza, a loucura dos loucos, o lado obscuro da moeda. Em nós, aquilo que não vemos, mas está em nós colado.

Os erros da história não são destacados em outdoors: "erramos ao queimar vivas as bruxas". Mas aconteceu. Sequer se diz haver passado a borracha no errado. Como o louco que não joga pedra na própria janela, o moralista excede sua autoridade, toma conta do que não é da sua conta. Contudo, ele é cego dele mesmo, não vê o quanto é ridículo.

7 - A moeda tem dois lados

Um lado não vê a cara do outro, embora estejam colados opostamente e inseparavelmente. Assim, a fábula: adaptação do humor das piadas; um lado da moeda disse ao outro, para influenciá-lo: "Eu falei com Deus essa noite". E o outro responde: "Não me lembro disso não".A loucura dos loucos é uma montanha nos hospícios. Fora do hospício, preste atenção por uma horinha em si mesmo. Coragem; anote cada mudança de humor. Na vida, só os membros da família multiespécie, como cachorro e gato, não apresentam a inconsistência emocional.

Na moeda de dois lados, a fidelidade jurada diante do santo padre, nem este, o próprio santo, entrega o que promete. Na guerra do pensamento, a infidelidade é contraponto de uma ruptura da propriedade; um ser propriedade do outro. Sem dúvida alguma, é quebra de expectativa. Majoritariamente, a sociedade evoluiu para a monogamia, que não se confunde com fidelidade, com a qual a monogamia convive. Somos a moeda que tem dois lados, com duas caras, uma envernizada, denotação da comédia e tragédia grega que finge ser o que não é.

Alguns traços humanos:

- Fabrica sua doença e, em sua saída pela tangente, diz: "Não tenho nenhuma responsabilidade nisso".
- Terceiriza o tratamento e o tijolo posto pelo especialista é derrubado pelo lado invisível da vítima.
- Cada ser só vê a verdade que para ele é suportável; o que dói no ser, a dor não é responsabilidade dele.
- A quebra de espelho, na análise, quando o analisando vê a verdade sobre ele próprio e não lhe é suportável, ele se irrita, vai embora, desperdiça a oportunidade de resgate da sua elasticidade mental. Contudo, só se protege de não se ver feio quem não olha no espelho. Isso revela a personalidade infantil, que fecha olhos, tapa ouvidos, achando que a realidade some.

Entretanto, a maioria por não ver os genitais do santo, não os imagina irracionais, mas santos.

Desbrava o lado obscuro de sua moeda quando abandona posturas tangenciais e mergulha fundo em si mesmo. Essa é a travessia íntima sem sair da cama em que dorme.

Vê o mundo como ele é, apenas aquele que observa; sem necessidade de aprovar ou se irritar. Apenas não é cego nem surdo, mas, principalmente, não é mudo nem covarde; tem a coragem de dizer o que vê.

8 - Último caldo da laranja – Talvez fosse bom não perder a chance de aproveitá-lo

O título da presente obra, "O último caldo da laranja", foi inspirado na abordagem deste capítulo. É uma adaptação de um atendimento psicológico, de modo que não seja identificado e não fira a ética profissional. A paciente assistida havia lido um capítulo de um livro, cujo nome era "Fazer amor com uma laranja".

O nome do livro, se por acaso ela disse, não me recordo. O enredo contudo é emblemático, incomum da assistência médica que então recebia.

É comum entre médicos a marcação de vários pacientes no mesmo horário, atendendo-os conforme a ordem de chegada, controlada pela secretária do profissional. Esse estratagema visa a substituir ausências: se um não vem, o outro sim. Desde a primeira consulta, ela manteve o último horário do dia, às 19h.

A coincidência de ela haver sido a última a ser atendida, quando o médico libera a secretária, fez a paciente brincar:

"Ora! Sou o último caldo da laranja", inspirada no livro que havia lido. Pelo tempo de atenção que lhe é concedido, neste dia – ela pôde observar que mulheres atendidas antes dela tinham um tempo bem curto – na próxima consulta, ela trouxe uma laranja na bolsa. Redefinindo a conduta, conduziu o médico a redefinir sua postura: trouxe-lhe um presente misterioso! O médico, instigado, manifestou sua curiosidade. Ela tirou a laranja da bolsa, um presente incomum. E continuou: "O mistério, contudo, estará na sua motivação; desde que faça o seguinte ritual. Amanhã, quando tiver um tempinho, ponha a laranja entre suas mãos, toque-a suavemente. Se já for depois do seu último atendimento, ouça uma música apaixonante. Repita no dia seguinte, mas desta vez, descasque-a com suas mãos, sinta o cheiro da casca.

Chupe seu caldo e sinta o seu gosto. Veja o que sentirá extraordinariamente." A essa altura, na nossa avaliação feita pela assistência psicológica que lhe dávamos, o mecanismo de transferência (que será abordado no capítulo seguinte) já havia se dado com o médico. Ela estava segura de que podia seduzi-lo, assim como imaginava que havia seduzido a figura paterna para beijos frequentes na boca. Sofria de uma doença autoimune. O médico, vestido de branco, tornava-se tanto príncipe encantador quanto anjo que, se não a curasse do seu sangramento ulcerativo, viveriam felizes juntos. Ele lhe havia dito, na primeira consulta: "Vamos nos envelhecer juntos." Ambos viviam o seu tempo do último caldo da laranja, casados, ele já era avô. Ela vinha de outra cidade para o tratamento, uma mulher bonita, com destaque no seu trabalho na televisão.

Após a sua provocação contra transferencial, o envolvimento amoroso do médico por ela, retorna à nova consulta. Ela não usava calcinha, e o exame se deu com a própria boca do médico que chupou o caldo da laranja, desta vez, a própria paciente.

Ela havia lido: Alcântara, Mamede de. *Terapia pela roupa*. São Paulo, Editora Siciliano, selo Mandarim, 1996, cujo conteúdo foi inspirado numa paciente que deixou de usar calcinha e destravou o caminho do orgasmo que não atingia. Conduta que não se confunde com técnica analítica, mas naquela paciente, producente, terapêutica. Eu morava em Campinas (SP), em 1977, um livro que sobressaiu e entre mulheres sensíveis ao tema, integrou quem nos procurou, muitas vezes para aconselhamento rápido. Esse atendimento específico foi muito curto, entretanto, com tempo suficiente para observar que o incrível de superação havia se tornado crível: ela já havia superado sua doença auto agressiva, segundo o seu médico. Eu e minha família mudamos de cidade, ela foi aconselhada a procurar alguém da sua cidade para uma frequência semanal de atendimento.

Não se confunde com aconselhamento psicológico, muito menos com a escuta analítica o não uso da calcinha: quem está sem, entretanto, não deixa de analisar as sensações de não usar e seus efeitos. Nem fazer sexo com o médico integra o procedimento médico; no universo mental sem fronteiras, no entanto, o fenômeno fez-se tema sem como ficar fora da análise.

9 - A transferência

Freud, 1912a, "The Dynamics of Transference", Collected Papers II, London, Hogarth Press, 1953 (p.319): aborda "as transferências de um sentimento de afeição e um de hostilidade".

Quando se nutre inconscientemente um sentimento negativo pelo pai ou mãe – em uma visão tangencial –, pode parecer irrelevante. Contudo, quando se mergulha no inconsciente, a análise revela que o deslocamento do sentimento negativo para outro indivíduo revela a semiologia, aquele conjunto de sinais médicos que leva ao diagnóstico. A transferência negativa endivida a vítima sem ela ter feito dívida.

Mas, se é a admiração e o amor que são transferidos, agracia o beneficiado com quem se envolve.

Em uma técnica psicodramática, põe-se uma almofada no lugar de quem o paciente está em demanda, em dadas circunstâncias. À almofada ele se dirige. Depois, torna-se seu alter ego, sentando-se no seu lugar e dando consciência e voz à almofada. Dessa forma, protege-se o analista das transferências negativas. A laranja, em seu caldo doce, protege da transferência negativa; pelo seu formato oval, associa-se aos seios, ao bumbum, à barriguinha saliente, de modo a pôr lindos e emocionantes diamantes no corpo dos amantes.

A admiração e o amor da criança pelos pais, no mecanismo inconsciente, muitas vezes são transferidos para quem se envolve, como o paciente para o analista. A regulação – se são casados ou não – não interdita o sentimento. Oposto a isso, na contratransferência, do analista para o analisando, há um afrouxamento da função. Mas nada se isola, tudo se acumula: médico e paciente, professor e aluno. Na empresa, afeiçoa-se a colegas, principalmente chefes.

10 - O estratagema secreto do coronel corrobora a sociedade

Força e arma se auto definem; em seu lugar, o argumento e a diplomacia são outras perspectivas. Para se promover de coronel para general, nas forças armadas, no Brasil, não se dá pela paridade de armas, digladiando com espadas. Difere do médico clínico que se capacita para médico cirurgião ou do universitário que se certifica no curso que faz, em que as regras são claras. Contudo, há um consenso de regras a ser seguido:

> a) Fuja de encrenca com generais;
> b) Caso haja uma saia justa, mesmo errado, o general tem razão.

E pela medida em que a desaprovação de um único general é eliminatória, a promoção não é fácil. Um estratagema secreto infalível conta a fábula de um coronel que, ao chegar em casa, determinava à portaria do prédio para avisar sua esposa, dando tempo para o general ser dispensado por ela. A fábula não se compromete com a verdade, mas com a retórica do desafio.

É um senso comum estudado, que antes do teste de DNA para sanar dúvidas de paternidade na vida no campo, enquanto os empregados cuidavam da lavoura, muitos patrões engravidavam as esposas deles. Para os estudos da reprodução humana, isso corrobora a natureza dos homens de espalharem seus genes e das mulheres pobres de melhorarem os seus. Integra-se o constrangimento de dizer "não" ao patrão, bem como o estratagema de não criar encrenca. E mais, promove-se quando engravida do chefe. Diz o provérbio: "boi em terra estranha se comporta como vaca". Como estratagema, contudo, no lugar da competência houve o tempo do puxa-saco nas empresas como forma de promoção.

A Submissão como Estratagema

A Cinderela, já referida anteriormente, é a personagem submissa; seu pé se encaixa no sapato pelo número que o príncipe determina, denotando o estratagema pela submissão.

Eisler, R. *O prazer sagrado*. Rio de Janeiro: Rocco, 1995 (p. 348): "é repulsiva a maneira como Cinderela tem sido apresentada a milhões de meninas como louvável por não falar nada, muito menos se rebelar contra a injustiça: por chorar em silêncio e trabalhar do alvorecer ao anoitecer."

Ninguém decifrou a impropriedade; o autor do enredo, a editora que o publicou, a professora e a mãe que leem, dramatizam e as meninas são vítimas.

Estratagemas Secretos

Do lado do marido, a mulher com a boca sobressaída pelo batom provoca desejo. Abre caminho no holofote, mas a fantasia se dá secretamente. A boca transformada abstratamente numa vagina socializada desperta o desejo do sexo oposto, cumprindo sua naturalidade erótica.

Seja no trabalho, fora dele ou no prédio onde mora, aquela olhada proibida para o apartamento vizinho que, de repente, escancara sua janela com o casal fazendo sexo. A expectativa erótica é criada e atendida por quem do apartamento vizinho olha. Na onipotência de quem tudo pode, quem transava e quem olhava se cruzam no elevador: não dizem uma palavra, mas se despem um ao outro fantasiosamente.

No trabalho, quando a calcinha vai para a bolsa e a mulher de saia, em uma de suas reuniões marcadas, cruza e descruza as pernas, se mexe de forma que só seu alvo entende o recado: o fruto não é proibido. Quanto mais o tempo passa, mais cada ser é sua própria resposta. O moralismo que impõe medo, assim como o búfalo amedrontado com o leão correndo atrás dele, de repente dá meia volta e o encara, e o leão recua.

11 - Escolha: expanda ou encolha

A laranja tem seu ponto certo de ser colhida; caso contrário, o talo perde a consistência e a força da gravidade a puxa, fazendo-a cair. Após algum tempo perde a validade do seu caldo. A sexualidade quando perde o ponto, desmotivada, dispõe de tratamento médico emblemático, em hospitais respeitáveis como os de São Paulo, fundamentado em ciência.A bebida que se aprecia gelada, suavemente despejada na pelve, faz desta uma taça. Saboreando-a, a bebida na taça emblemática, criativamente alternando o gelado com o quente, despeja-se chocolate quente, lambendo-o sem certo nem errado. Faz acordar a irracionalidade do corpo e do sexo adormecido. Dada a corda à irracionalidade, examina-se o que joga fora e o que aproveita: aproveita-se a imoralidade, joga-se fora a moralidade. Isso é tratamento. Expande-se em vez de encolher. Libera-se a irracionalidade do toque, beijo, amaço; o sexo vem correndo.

A vida conjugal, quando troca a irracionalidade do sexo pela função que o encolhe, esvazia a atração que os uniu. A regulação se institucionaliza; as instituições são imprescindíveis, mas para beneficiar, não impor prejuízo. No entanto, há uma complexidade subjetiva.

Alcântara, Mamede de. *Pontuando a mente a cada instante*, São Paulo, Editora Navegar, 2006 (p.17):

> É certo que, quem define o rumo de nossos caminhos são essas subjetividades íntimas, estabelecidas por sinais entre um pensamento e outro, ou entre um sentimento e outro, às vezes em oposição, por querer, de fato, de um lado, derramar as águas emocionais insatisfeitas, aprisionadas no balde, mas de outro lado vir a se sentir decepcionado por haver agido assim, criando estados metais ambivalentes, exigindo, desse jeito, uma reflexão, {...}.

Idem (p.17): "Somos engrenagens fluentes, mas que ao deixar escapar o mais ínfimo de seus encaixes, dependendo do contexto, pode levar ao desacerto muitas vezes fatal. " Idem (p.89/90):

> {...}, os gritos de terror de suas meninas, durante a infibulação do clitóris, sem anestesia, para que não sintam prazer na relação sexual depois de adultas, não constituem argumento contra a atrocidade que praticam, posto que interpretam: "*é para o bem das vítimas*".

A regulação hedionda que queimou a bruxa viva, para o bem dela, esse bem é caro demais, tendo de pagá-lo com a vida, com amor incondicional vazio.

12 - Amor incondicional

Amor incondicional não combina com impor condições. É como um álbum de fotos amorosas no entorno do coração, como Maria e seu filho Jesus, onde já se sabe que o noivo José não a engravidou, mas Maria deu à luz pelo canal vaginal. Todavia, os fatos não fazem diferença: acolha Maria e a vida que ela gera.

No amor incondicional, sem impor condição, essa é a regra. Por amor, quando mente, a mente brilha. A verdade que não beneficia é obscura.

A mentira, como no caso do astro do futebol português Cristiano Ronaldo, que faz de conta que chuta a bola para uma direção, mas abre caminho em outra, é um subtipo de mentira. Contudo, é uma regra que, quanto mais mente e se beneficia, tanto mais brilha como um astro.

O que quer que faça, estarei do seu lado, certo ou errado: isso é amor incondicional. A pessoa, de sua pessoa, a sensibilidade mergulhada debaixo da sua pele.

Uma estátua do amor incondicional, como seria sua arquitetura? A irracionalidade do cão, naquele exato instante que rasga a cara de quem põe a vida do amigo em perigo, é a irracionalidade dando aula da amizade incondicional. Não importa se seu amigo está com a razão. O pai que chega e vê seu filho sangrando e diz: "Aponte-me quem eu tenho que arrancar os dois olhos." É amor incondicional irracional.

13 - Pessoa de sua pessoa

Torna-se pessoa, como diz Rogers, pela sensibilidade de modo a pôr-se debaixo da pele do outro; sangrando com o ferimento dele. A "pessoa de sua pessoa", contudo, vai além. Não se auto exclui e inevitavelmente apoia-se nos próprios ombros, sem certo ou errado, e logo se auto diz: "Eu te entendo; conte comigo". A pessoa de sua pessoa é a irmã gêmea do amor incondicional.

Como guarda de trânsito atento ao sofrimento do outro: surdo, cego e mudo de si mesmo, é auto exclusão.

Nem generosidade, nem narcisismo que só olha para si mesmo, mas uma inadequação psíquica quando não considera o próprio desempenho, que é bloqueado. Dispõe do preparo para passar em um concurso, mas acha que tira a vaga de quem precisa mais e sabota seu desempenho. Ingressa na carreira médica, mas transforma-se em eletrodoméstico; cobra quase nada pelo atendimento, sublima sua generosidade, faz pouco caso de si, porém, pelo mito da bondade, é só sua perspectiva.

Quando causa prejuízo pela cleptomania, surrupia o que não é seu, não por necessidade, mas para corroer-se de culpa, com vítimas desse distúrbio que, em vez de se tratar, fazem doações a instituições religiosas. Resiste ao tratamento que muitas vezes se torna producente pela troca de um roubo por outro. Do que sente culpa, trocado pelo que sente gozo. Do objeto morto, pelo que é visto como propriedade de outro pelo casamento. Contudo, é alegoria o roubo de quem é casado. Beneficia os viciados, a troca do crack pela maconha, contudo há um estratagema, até superar-se do vício. Não beneficia o cleptomaníaco a bobagem dita: só não roubar mais, pois uma vez que é distúrbio, é maior do que sua força de vontade.

Ampliaria a culpa do amante que dissesse ao outro: "Não quero estragar a vida de ninguém." A vida é dele, o problema é dele, que naquele momento vê valer a pena, o encontro extraordinário, muitas vezes emblemático, incomum, sem preço que superaria abrir mão de ser a pessoa de sua pessoa.

14 - O emblemático - que representa o incomum

O desconhecido é a terra fértil da imaginação, pois não está desvendado, e seu espaço de manobra é um palácio encantado com tantos corredores que se tornam um labirinto no qual se perde. Esse é o sistema de emoções, nem igual entre irmãos gêmeos. Ainda assim, a maioria dispõe da expectativa de que o mundo seja a medida da sua caixinha.

A perspectiva que é a minha não é a do outro. Nem a dele é a minha. Sem déficit cognitivo ou com brilho mental, cada um respeita a vida do outro. Com déficit, provoca-se o desrespeito no lugar da discussão de ideias. Ideias produzidas quando geram atitude não são um livro aberto, mas imprevisíveis, emocionantes, incomuns, emblemáticas.

Quando a mulher dá corda a sua irracionalidade; como uma égua de raça que encanta quando mexe as ancas ou em um jantar à luz de velas e seu corpo ainda é a roupa mais linda, ela é a anfitriã que surpreende nua seu convidado.

O arquétipo, pois uma vez que vem de longe, modelo inconsciente coletivo, lava, passa, limpa, obsta, trava a mulher de cumprir sua natureza erótica.

Alcântara, Mamede de. A missão da roupa: da moda ao discurso nas performances. São Paulo, Editora Porto de Ideias, 2010 (p.128): "Na semana Prêt-à-porter de Paris, em outubro de 2006", a figura 2 e a 3 são acervos deste evento. Em poucos passos, revela o mundo da segunda metade do século XX, que se torna outro, admirável e novo, sobremaneira, para a mulher, em que a revolução sexual e a tecnológica se associam.

A roupa da modelo, figura 2, puxada pela tecnologia contida no chapéu que usa, na figura 3, ela se despe. Esse foi um ato emblemático, incomum do evento; chega, demora pouco mas fica por toda a vida.

Figura 2: Modelo Leah De Wavrin (Elite).
Fonte: Telegraph/spring2007-ready-to-wear – Hussen Chalayan

Figura 3: (mesma modelo Leah De Wavrin da figura 2

Revolução sexual; tanto como se veste quanto como se despe e para quem se despe, integra o cotidiano da mulher.

15 – Quando a cama fora de casa é motivação oportuna

O homem e a roupa que ele veste, sobremodo o sexo feminino, é o enfeite que se põe, com o perfume, batom, acessórios que compõem a formosura da rosa; a mulher propositadamente se oferece a quem se atrai. Cumpre a natureza erótica; do sexo, o eixo em torno do qual tudo gira, em seus momentos oportunos.

Alcântara, Mamede de. *Envelhe©ser: A revolução Kairós nas escolhas*, Editora Appris, selo artêra, Curitiba, 2024 (p.19):

> "Chronos" é o viajante do tempo subordinado ao relógio, "Kairós" é a qualidade, palavra de origem grega que significa "momento certo" ou "oportuno", uma antiga noção que os gregos tinham do tempo como momento oportuno único. Kairós era filho de Chronos, o deus do tempo e das estações e que, ao contrário de seu pai, expressava uma ideia considerada metafórica do tempo, não linear, uma vez que não se pode determinar ou medir uma oportunidade.

Corpos se entendem e cumprem a naturalidade quando se juntam. Se separam quando não sabem viver juntos. E o caso que assistimos, com adaptações para não identificar os envolvidos, será abordado a seguir.

O marido trabalha fora; paga pelos livros da esposa que faz mestrado, deu-lhe um automóvel, banca o combustível e a terceirização da limpeza da casa: quem lava, passa, cozinha. A cama do casal, no entanto, não mais era importante. Já havia velas acesas; o velório, só faltava o enterro. Certo dia, enquanto abastecia seu automóvel, já atrasada para a aula no mestrado, nossa assistida é surpreendida por uma mulher que repentinamente chega em uma moto e a aborda a queima-roupa: "Seu marido gosta de comer o cu." Sem ouvir o resto que a misteriosa mulher pretendia explicar, o bicho da nossa paciente é ligado, e ela foge arrancando o carro tão logo é abastecido.

Recupera-se do transtorno, volta depois e paga a conta. A misteriosa mulher de bunda sobressaída, a qual fazia questão de exibir na sua moto, era assistente do seu marido no trabalho. A função os conduziu ao mesmo lugar. O marido de cama vazia e sua assistente, solteira. No sexo se encontraram em um momento oportuno quando trabalhavam depois do expediente, numa noite quente. O ar do ventilador roubou a proteção da saia dela e sua bunda, assim como havia nascido, se apresentou.

Na mesma casa e cama, a vida no cercado da felicidade estava vazia de essência: sexo e amor sem os ingredientes que destravariam o bom caldo. Ainda assim, via-se a areia movediça como terreno firme, mas quando nela afunda e retorna à superfície, as cadeiras rodaram, e a amante tomou o lugar da esposa.

Sublimou-se em demasia o casamento, sem prestar atenção no que o uniu. E esses são os cascalhos que se pisa, até que se escorrega e cai. Não há bode expiatório. A função conduziu a assistente e o chefe para o mesmo lugar. A religião conduziu a devota casada até o padre. A cama dela estava vazia e o padre foi generoso, tema que será abordado no capítulo seguinte.

A oportunidade faz o ladrão; é provérbio. A cama vazia em casa gera a oportunidade da motivação fora de casa.

16 - Atrás das cortinas, na bienal do livro

Alcântara, Mamede de. *Renascer: Um processo de amor*, São Paulo, Gente, 1993.

Na Bienal do Livro em São Paulo, em 1994, entre vários autores para sua sessão de autógrafos no mesmo horário, estava a atriz da Rede Globo, Norma Blum (1939 - ...), acompanhada de outras atrizes, atores e do cantor Ronnie Von (Ronaldo Nogueira). Eles davam autógrafos a quem lhes pedia, e esse foi o show que integra a memória desse evento de destaque na cidade mais importante do país: São Paulo.

Há um mundo secreto em cada ser, com suas expectativas que se realizam ou não. Eu autografaria o meu primeiro livro, durante a primeira bienal que participava, para um convidado nada comum, em seu mundo secreto de juramento à castidade do celibato. Atrás da cortina, contudo, havia uma amante, minha paciente, casada e quase sexagenária. Ele era subordinado à cúria vaticana, estabelecido em São Paulo. Todavia, como quem chega a um churrasco e se depara com seu urologista e logo sai de fininho, pelo constrangimento de quem lhe faz o toque retal, o padre pega o livro, se dirige ao caixa, vem na minha direção, muda de ideia, se dirige a uma atriz, pede o seu autógrafo e sai pela tangente.

Livro hoje fora de catálogo, a primeira publicação do gênero, que usa a respiração como método terapêutico (o Rebirthing), no Brasil. O motivo de abordá-lo não é pelo seu significado, mas pela comédia e tragédia grega do verniz social que somos. Porém, não passa de um esforço de resultado inverso, insistindo na visão tangencial, superficial e periférica. A pobreza emocional da periferia não está incólume, sã e salva das circunstâncias da sua areia movediça.

17 - Vamos raspar o verniz da periferia da alma?

Raspa-se o verniz do senso comum e vai-se fundo no sexo como evolução da espécie.

Fisher, Helen E. *Anatomia do amor: A história natural da monogamia, do adultério e do divórcio*. Tradução: Magda Lopes e Maria Carbajal. Rio de Janeiro, Editora Eureka Ltda, 1995 (p.66): "Ninguém sabe como se deu a evolução dos dois sexos, a partir do protoplasma primordial."

Idem Fisher (p.65): "Mas por que dois sexos: machos e fêmeas? Porque nossos ancestrais não escolheram uma estratégia reprodutiva em que cada indivíduo pudesse trocar seu material genético com o material genético de outro?"

Ela cita Cherlin 1978 (p.420); item 4: "As bactérias fazem isso. Os organismos simplesmente ficam juntos e trocam DNA. A pode se acasalar com B; B pode se acasalar com C; C pode se acasalar com A; todos podem se acasalar com todos. As bactérias não fazem distinções de sexo."

Idem Fisher (p.65): "Fêmeas com ovos grandes e preguiçosos, compostos de DNA e com camadas de ricos nutrientes;

e machos com pequenos e ágeis espermatozoides, formados unicamente por genes."

Sexualmente, cumprimos a natureza. Difícil é o juramento de não cumprir a naturalidade. O clérigo mencionado anteriormente não é bode expiatório; a maioria dos padres cumpre a natureza sexual, com revelação ao próprio Vaticano.

Contudo, a expectativa da castidade celibatária refletida em uma vida santa produziu uma dívida sociocultural. Espera-se que, pelo fato psicológico produzido, a alma santifique-se e traia sua irracionalidade numa visão tangencial, sem ir fundo na real essência do ser. Esse é o baixo desempenho do cérebro, à medida que se torna contraproducente, esvaziado do conhecimento, cúmplice do fracasso. Raspe o verniz e a realidade aparece.

18 - O mito da dívida parental

Na evolução do ser, a sensibilidade de pôr-se debaixo da pele do outro, sentindo sua alegria ou tristeza, demonstra mais que civilidade: mostra a ajuda ocasional nas dificuldades. Pais custeiam a vida dos filhos, e o esforço feito, quando reconhecido gera sentimento recíproco. Entretanto, o pertencimento à árvore genealógica embasa o parentesco, independentemente do convívio. Como massas de cores diferentes que se misturam emocionalmente, decifra-se: "Você está em mim, e eu estou em você." Com o pai que só posteriormente é reconhecido o parentesco, dá-se a responsabilidade do vínculo: do pai com o filho. A história deles, contudo, só se dá ao criá-la.

A característica peculiar do parentesco, na generalização do senso comum, cria dívida mitológica. Gera a inadequação emocional, como por exemplo, quem fica rico pelo desempenho ou por acaso, ao ganhar na loteria, e a culpa pela toxicidade emotiva bloqueia desempenhos, trava a prosperidade. A árvore genealógica da gravidez fora do casamento denota "meios-irmãos". Contudo, é responsabilidade de quem os fecundou, não dos meios-irmãos. A inadequação psíquica pelo incesto, entre pais e filhos de sexo oposto, nem Sigmund Freud, pai desta teoria, fez-se imune com sua filha Anna Freud. Mais que filha, ela era livre para seguir sua vida, mas pela toxicidade de sempre estar à disposição dele, disso veio a nocividade. Filhas esposas emocionais de seus pais emitem sinais robustos da semiologia do incesto. Quando se conduzem como esposas, no inconsciente, se tornam mais tendenciosas a negligenciar suas próprias vidas, agindo como guardiãs dos filhos do pai, mas que não são seus. Em vez de meia-irmã, com o sentimento deslocado para o de mãe, no inconsciente, se sente esposa do próprio pai – essa é a formulação do incesto –, com dívida sem haver cometido nenhuma.

Superficial na visão sobre si mesma, a consciência perifericamente disfarça: "Ajudo, mas nem quero ver a cara," "Ajudo, porque são irmãos." Quando há outra irmã sem esse mesmo sentimento, distingue-se a adequação e inadequação psíquicas.

Sexo fora do casamento sem prevenção pede para ser pai. A visão sociocultural que força a barra do vínculo, dos filhos do casamento com os de fora dele, revela, antes, uma visão ordinária, sob a ordem da regulação, do que uma alma extraordinária. Se por acaso os apresentasse à esposa, que nada sabe da vida extraconjugal do marido, poria em risco o casamento e até provocaria distúrbios emocionais, muitas vezes com consequências graves. Sem DNA, a adoção de filhos é escolha. Na mistura afetiva: "Você me deu a sua cor e eu lhe dei a minha," formula identidade e qualidade de irmãos por afinidade.

19 - Almas assassinas

Um pedaço da relação da França com o mundo: a então primeira dama da França, Carla Bruni, ao não usar sutiã como anfitriã de uma visita no palácio, suscitou críticas. Se essas críticas fossem obedecidas, inclusive no Brasil, revelariam a morte da liberdade de como se vestir.

No cotidiano, são almas assassinas: um termo forte, mas sorrateiro como câncer, fatal à alma de filhos pelo preconceito de pais e irmãos que não reconhecem a identidade homossexual dos filhos ou irmãos, respectivamente. Negam a essência da vida que é a do outro, não a sua. A verdade seria insuportável às mentes que provocam a destruição da alma de filhos e irmãos – suas identidades – desse modo, potencializando suas autodevorações através de doenças.

No senso comum doente, desde tios e primos, de ambos os sexos, na fofoca feita pedem satisfação da vida de parentes pelo modo como se conduzem. Com que direito? Talvez, por isso, no cristianismo, Jesus ignora primos, tios e irmãos, com os quais não pôde misturar suas massas emocionais.

A homossexualidade é uma identidade corroborada pela biologia, desaprovada pelo preconceito: este sim, é déficit cognitivo, obscurecido mentalmente, de modo que não entende a perspectiva que é a do outro, não a sua.

Reconhecimento pela Lei da Obrigação Parental

A lei obriga a ajuda a parentes incapazes muito próximos: pais, filhos, irmãos. A propriedade mental, que é a minha, contudo, não é a sua. Formularia uma lei psicológica, em que a vítima decretaria para se proteger do fogo amigo do parentesco, quando este age com preconceito com a vida que não lhe diz respeito.

O ser, contudo, não é uma ilha que se isola. Mas existe uma variação emocional: há o preconceituoso, cujo olhar é um câncer emocional destrutivo, sem falar uma palavra. O preconceituoso desequilibrado age com violência pelo que pensa. O preconceituoso que, pela identidade, atrai seguidores e tira proveito deles. Faz destes a sua bucha de canhão. Contudo, a fonte do ser é a família: o ombro sábio ao qual se apoia ou o que é sua desgraça.

20 - A irracionalidade sexual indomada

Às aberrações sexuais no homem, classificadas como distúrbio: tesão por cadáveres, quando a mulher esparge urina e excremento fecal no corpo do homem para destravar seu tesão; o distúrbio da pedofilia, pela inadequação sexual com indefesos, como crianças e pré-adolescentes. A educação sexual beneficia, mas ainda assim, há sexo entre tio e sobrinha, da esposa com seu cunhado, do sogro com sua nora. Em quatro décadas de assistência psicológica, acumulam-se casos como estes. Embora ocorram entre adultos e sem trauma, a correção recupera a adequação, mas as expectativas secretamente são indomáveis.

Baker, Robin. *Guerra de esperma: infidelidade, conflito sexual e outras batalhas de alcova.* Tradução de Gabriel Zide Neto. Rio de Janeiro: Record, 1997 (p.109/110):

Expectativas Secretas

CENA 12

Vida Dupla

Acabara mais um dia de trabalho e o homem no quinto andar já estava voltando para casa. Quando entrou no elevador, seu olho avistou na hora uma pichação recém – escrita. Ele riu. Numa linguagem cheia de gírias, insinuava que não se devia confiar no chefe de seção -- porque passava tempo demais se masturbando.

O elevador parou no terceiro andar e uma moça entrou. Ele só vira uma única vez antes desta, mas isto já bastara para ele se tornar a estrela das suas fantasias. Ela era nova na seção, contratada como secretária adicional para o homem que era exatamente o alvo da pichação. Ficou olhando para o seu rosto enquanto a porta se fechava. Ela viu os dizeres imediatamente. Lançou os olhos ligeiramente para o lado e encontrou os dele. Sorriram um para o outro e ela ficou rubra, mas não disseram uma palavra. Quando o elevador chegou ao térreo e eles saíram, ela dobrou à direita e ele à esquerda, rumo ao estacionamento e de lá para casa.

Em casa, no banheiro, as fantasias vinham à tona. Abriu o chuveiro e seu pênis já estava pronto para entrar em ação. Já havia imaginado antes, tirando a roupa da cunhada. A fantasia do elevador que enguiça entre dois andares. Idem Baker (P.110): "Eles começam a se despir, ele se ajoelha, ela se posiciona por cima e começa a se agachar, para se sentar em seu membro ereto e aí..." Com essa imagem, ele gozou, jogou o sêmen pelo ralo e continuou o banho. Sem visão tangencial; expectativas secretas na fantasia sexual não serão exterminadas pelo moralismo social, pois, uma vez que a irracionalidade expressa sua naturalidade, sua ordem de grandeza é indomável.

21 - De onde o bonde partiu

Na ficção cinematográfica: várias mulheres e um único homem mergulham no oceano: só deles. O homem morre; uma fêmea dominante assume o lugar dele, e assim continua até restarem apenas uma mulher e um homem, quando as rupturas cessam.

Na formulação científica: sereias (peixes) que trocam de sexo. Idem Fisher (p.67):

> {...} alguns peixes que vivem na Grande Barreira Coralífera da Austrália. Conhecidos como peixes limpadores ou *Labroides dimitatus*, esses peixes vivem em grupos formados por um macho e cinco ou seis fêmeas. Se o macho do grupo morre ou desaparece, a fêmea dominante inicia uma metamorfose em macho. Depois de alguns dias, "*ela*" se transforma em "*ele*".

O bonde anda, não se sabe de onde ele parte, mas há a pressuposição da ciência: criaturas sexuadas lançaram células sexuais nas correntes do oceano. Dois gametas pequenos se uniam, mas sem nutrientes suficientes para sobreviver. As grandes células sexuais se uniam, mas eram ineptas para sobreviver. No entanto, um gameta flexível, pequeno e desimpedido - um proto-esperma - se unia a um gameta grande e carregado de nutrientes - um proto-ovo -, dando origem a um novo organismo, desta vez em condições de sobreviver. Com o passar do tempo, houve uma evolução para dois sexos separados.

No raciocínio que estuda a vida (biologia): um proto-ovo fecundado por si mesmo, em sua versão oposta, o proto-esperma. E assim se pressupõe a origem de um novo organismo. O bonde dos sexos partiu com a suruba das bactérias e, na evolução, chegou aos dois sexos diferentes. A biologia só é reconhecida oficialmente como ciência na transição entre os séculos XVIII e XIX. Todavia, se apresenta bastante ampla. Não estuda somente os indivíduos e espécies isoladamente, mas também sua origem, de onde o bonde parte. A evolução denota um bonde que anda, e o comportamento da espécie humana muda, anda mais depressa.

A tecnologia desenvolvida, na linha de frente da espécie humana, poucas décadas atrás, na segunda metade do século passado, fazia com que fotografias levassem tempo para serem reveladas; esperava-se acumular as três dúzias de filmes. Hoje, é tudo em tempo real: aqui e agora. Não havia celular, internet ou redes sociais como as conhecemos hoje. Somos esse bonde, que não é igual em cada nova terra que ele desembarca.

22 - Travanca do ser: ser a sua resposta

A velocidade; décadas e séculos se passam e o avanço do conhecimento torna-se cada vez mais produtivo e veloz, fazendo parecer perda de tempo aquilo que é contraproducente.

Entretanto, ainda persiste a ideia equivocada de que o avanço da tecnologia é um mal, não um bem, assim como os primitivos se posicionaram contra a expressão erótica do corpo humano.

Não estamos imunes a sermos afetados pelas bobagens que plantamos em nosso cérebro, mas dispomos da capacidade de corrigir nossos erros, abrir novos caminhos, e fazer do cérebro um território sempre pronto para novas descobertas. É como se o cérebro fosse uma terra virgem, constantemente renovada e explorada.

Colocar o universo selvagem em um manual: predadores e suas presas vitimadas pelo sangramento, com a insensibilidade do predador. Contrariamente, na espécie humana, com não humanos, pela medida que o ser fizer a sua resposta, a natureza predatória insensível ao se colocar no lugar da vítima, sangrar-se com ela. Alguns de nós fazem isso, como integrantes da espécie humana, evoluindo em sua sensibilidade. Essa operação extraordinariamente complexa marca nossa chegada em uma nova terra como habitantes de um universo de pessoas; pessoas que se entristecem com a realidade biológica dos seres selvagens, na relação entre predadores e presas, com a vítima se debatendo de dor em seus últimos suspiros, até o momento final. Contudo, essa é uma realidade maior do que nós, repleta de incógnitas e respostas pendentes.

O alimento ao monstro foi dado até pelo santo, sem ao menos pensar, quando queimou a bruxa viva. Não há um contraponto angelical, mas sim facções e gangues, com punições mortais para aqueles que viam a vida de outra perspectiva.

O bonde anda, sem informar de onde partiu na construção do universo em sua multiplicidade de composições, espécies e vidas. A humana, predadora, sublima-se na crença de que os irracionais vieram ao mundo para seu benefício. Somos animais predadores, sem dúvida. Mas há, sim, dúvida se até o santo pode representar a bondade absoluta.

23 - O ser, quando contraproducente

Em uma prova de múltipla escolha, quando se marca a resposta errada, o cérebro reflete e, novamente, usa a borracha para apagar. É uma visão produtiva. O contraproducente é repetir "até que a morte os separe" na cerimônia de casamento, enquanto mais da metade dos casais se divorcia.

É produtivo o advogado que ganha causas, a assistência psicológica que dá resultado; o casamento que mantém a atração: o que uniu o casal não deixa a peteca cair.

Tudo que é bobagem entra por um ouvido e sai pelo outro. Um jovem advogado ouve do padre, na cerimônia de casamento: "O que Deus une, o homem não separa". Mais adiante, ele se torna juiz, aposenta-se e separa-se da esposa, que entra em depressão. O psicólogo que a atende chama o ex-marido e este lhe diz: "O senhor vai me dar uma sentença, tem mesmo esse poder? Tenho 65 anos, não sei quanto tempo de vida ainda tenho pela frente. Desde que me separei, sou só felicidade. Vim ao mundo para atender às expectativas do outro?" O que uniu o casal havia morrido.

Idem Baker (p.231): "As mulheres variam consideravelmente em suas respostas a uma transa. Algumas gozam em quase todas as relações sexuais; algumas, nunca." {...} Idem

Baker: é mais comum não gozar quando o pênis está na vagina do que gozar. Em média, apenas 60% dos casos de sexo rotineiro (desde as primeiras carícias até o final) envolvem um orgasmo por parte da mulher. E mesmo quando ele ocorre, elas geralmente gozam mais frequentemente durante as carícias preliminares (35%) ou depois da transa (15%) do que durante o ato em si. Enfim, é somente em 10 a 20% das transas de rotina que uma mulher chega ao clímax quando o pênis está na sua vagina.

A ex esposa do ex-juiz, cerca de uma década mais jovem do que ele, havia se casado muito nova. A atração que os uniu foi a peteca que caiu e não mais se moveu, sua ação havia morrido, só faltava o enterro: a separação. Esse é o senso comum de que sexo tem idade. Mesmo antes da vida sexagenária, o casal não havia recorrido aos ingredientes que destravariam o bom caldo no sexo.

Mais que nos homens, a felicidade na mulher é regulada. Ainda mais nova do que ele, abre mão do sexo sem ao menos achar que isso poderia pôr fim ao casamento.

Desregulações da felicidade:

- O orgasmo não se realiza na imoralidade, mas extraordinariamente.
- O ser, no seu momento extraordinário erótico, não é imoral, apenas cumpre a natureza.

O moralismo construído pelo modo como se veste no mundo foi contraproducente.

À medida que o homem produz em si seu cadáver ambulante, com sua bobagem mental e moralismo, atira no próprio pé. Muitas vezes, no topo de suas conquistas, cai como uma jaca madura da jaqueira que se espatifa.

No Brasil, um breve episódio de sua história com o então 22º presidente da república, em 1961, Jânio da Silva Quadros (1917-1992), que não concluiu sequer um ano de mandato, despencou-se, empurrado pelo que pensava. Em sua bobagem mental, proibiu o uso de biquíni no Rio de Janeiro.

A mente que se abria no mundo, pelo modo como se veste, ele tentou proibir no Brasil, assim como quando, no século atual, se conduz pela mente do século passado e faz-se a alusão a esses como mente fechada.

Desse modo, o moralismo não só é o símbolo do atraso, mas o próprio agouro do fracasso. Aferir em nós próprios o que é produtivo ou contraproducente é escolha da qual a vida é feita.

24 - Inveja

Inveja está em um lado da rua, no outro lado, na esquina, no outro quarteirão, mundo afora. Esse sentimento já era conhecido até pelos bisavós.

Inveja dos Pais

É, contudo, uma verdade insuportável para os pais a inveja que os filhos sentem deles. Sem como negar o fato, aceita-se casos em que filhos matam os pais para antecipar a herança, em suas psicopatias; um distúrbio grave da personalidade.

Contudo, a inveja por si só não formula um distúrbio. Diagnóstico: invejoso. Mas nem por isso se pode afirmar: "é um sentimento angelical". Não é inofensivo, principalmente entre entes queridos. A verdade não é alcançável para aquilo que dói demais e se torna insuportável.

A qualidade de ser filho não protege contra a inveja que se sente dos pais. Ser filho não o torna incólume ou imune à mente obscurecida pela inveja, que muitas vezes se manifesta através de hostilidades desnecessárias aos pais, sem que estes tenham feito nada para provocar. Quando se sublinha na semiologia, os sinais que levam ao diagnóstico não do distúrbio, mas da expectativa de desempenho frustrada, percebe-se que o mal-estar é transferido aos pais, apenas pelo ponto de vista deles; mas que é deles, não do filho. O sentimento de inveja é manifestado pelo que o invejoso não possui: fortuna, posição de vida, beleza. A fortuna dos pais, entretanto, pertence ao filho apenas como herdeiro, mas ainda não é dele. E a realização de como a adquiriram nunca será do filho: é dos pais.

Alcântara, Mamede de. *Pontuando a Mente a Cada Instante*. São Paulo, Editora Navegar, 2006 (p.87):

> HABITUAÇÃO NEURONAL
>
> É importante que reflitamos: doenças ou violência percorrem um caminho antes. Estudos sobre fisiopatologia constatam que, se o impróprio ocorre repetidamente, sem ser percebido ou sentido para potencializar a mudança de atitude, é porque os próprios neurônios se habituaram à não reação, interpretando: "é assim mesmo". Esse fenômeno é chamado de habituação neuronal. A conduta se automatiza organicamente, sem haver reflexão processada mentalmente.

Por ter sobressaído em um aspecto, não significa que se operacionaliza a consciência em outro; a qual avalia, pondera e só então delibera. Isso não se confunde com descontrole pelo que não lhe diz respeito; o ponto de vista do outro. O desequilíbrio sem causa, contudo, é um distúrbio emocional. Pais que educam filhos muitas vezes não percebem a inadequação mental que ajudaram a fabricar ao deixar transparecer que o mundo gira em torno deles. Esse comportamento pode ser exemplificado por pais que criam filhos como produtos de mercado: "os caras". Esse é o escorregão no cascalho. Tendo em vista que só visualizavam a montanha firme, mas equivocadamente, acabam formulando a lei que reside no erro ou lei do esforço inverso (Aldous Huxley), onde a superfície que parece sólida revela-se areia movediça; afunda-se e só se sai de lá com muito esforço. O invejoso precisa de ajuda para passar uma borracha no cérebro e escrever um novo texto, tendo de ler mais, pois com o que sabe, sua visão está obscurecida.

Inveja e Incesto, de Pais com Filhos

A vida dos filhos pertence a eles, não aos pais. Se por acaso os filhos se destacam e realizam mais do que os pais, estes se orgulham disso e desfrutam da relação. A inadequação ocorre quando se sinaliza uma relação de incesto; filhos à disposição dos pais, e caso contrário, são hostilizados como maus filhos: filhos que vivem suas próprias vidas, majoritariamente com a nova família constituída, parceiros conjugais e filhos. Muitas vezes realizados em suas profissões, até mais do que seus pais. Estética física bem trabalhada nas academias: é a vida deles. A inveja dos pais em relação aos filhos, no entanto, se distingue da inveja dos filhos pelos pais. Filhos não são responsáveis pela inadequação psíquica dos pais; pais, sim, são responsáveis pela educação que deram.

Moralismo e Controle

O moralismo dos pais é um tiro no pé. O controle, em sua toxicidade, constrói filhos dominados que se sentirão atraídos por amantes valentes. A casa, que também é dos seus parceiros conjugais, fecha a porta para sogros, em suas toxicidades, por ordem dos cônjuges. Os netos não estarão imunes a não conviver com os avós, e aquela homenagem de dar o nome dos avós aos netos se desfaz. Uma visão tangencial não protege dessa areia movediça. Contudo, o brilho de quem educa para o bem dos netos fará com que estes conheçam os avós no tempo dos pais. Se tiverem bons encontros, e os avós passarem uma borracha em seus próprios cérebros, reformando-se em suas casas mentais atrativas, poderão resolver muitos problemas.

Expectativas e Realidade

É uma pobreza que não vale a pena, a da manipulação como comédia e tragédia gregas, que finge ser o que não é. É nessa areia movediça vista como terreno firme que reside o agouro das expectativas quebradas, produzindo infelicidades sem garantia de que se saia da areia movediça na qual se afundou.

25 - Regulação quando não beneficia fracassa

A regulação que beneficia, como a pensão alimentícia para filhos, é passível de lei. Contudo, quando ao invés de beneficiar causa prejuízos ao longo do tempo, essa regulação se deteriora e fracassa por si mesma. Há uma tendência à vida; como uma planta dentro de casa que se entorta rumo à luz, criando a poesia de sua essência: viver.

Paz, Otávio. *Um Mais Além Erótico: Sade*, tradução Wlamir Dupont, São Paulo, Editora Mandarim, 1999 (p.21).

> Os atos eróticos são instintivos: ao realizá-los, o homem se cumpre como natureza. Essa ideia é um lugar-comum, mas um lugar-comum paradoxal: nada mais natural do que o desejo pelo sexo; nada mais natural que as formas em que se manifesta e satisfaz.

O senso comum, como a infibulação do clitóris de meninas em tribos africanas, referida anteriormente, corrobora interdições da naturalidade. É um caminho para o fracasso. Nos inúmeros casos que assistimos ao longo de décadas, adaptamos a seguir, sem identificação, por uma questão de qualificação dos problemas.

Os anfitriões, pais da noiva, recebem os pais do noivo. Em dada circunstância, a noiva beija o noivo. Isso descumpre a ordem – ordinária – na visão do pai do noivo. Sem capacidade de auto avaliação e de se comportar de maneira atrativa e educada, ele se enforca no déficit cognitivo, não entendendo que a perspectiva é do outro, não a sua, e se manifesta: "isso não está certo". Comporta-se como hóspede, produzindo uma saia justa, em um espaço que não é seu. A casa é dos anfitriões, não dele. A vida é dos noivos, não dele.

Alcântara (p.63):

> A saúde é bloqueada quando nos impedimos de nos tornar atrativos para nós mesmos, bem como para aqueles que nos cercam. Sem exuberância nos deixamos furtar por outra fonte de atenção: as próprias doenças auto agressivas. Estas se definem como forças destrutivas, que ganham força de nós, para barrar a vida em nós mesmos, deduzindo uma política que reverencia a morte em vez de apoiar a vida.

Os noivos se casam: a esposa, que não adoecia antes, passa a buscar socorro com frequência no hospital. Ela está se autodevorando. Inevitavelmente, vez ou outra somos anfitriões de pequenos desconfortos, o problema é se eles tornam moradores, devoradores da saúde.

Darwin, Charles, 1872: *The Expression of Emotions in Man and Animals*. London, John Murray, citado em Lowen, Alexander. *O Corpo em Terapia: A Abordagem Bioenergética*, 5ª edição, São Paulo: Summus, 1977 (p.13).

> (...). Aquele que se permite expressar por uma gesticulação violenta incrementará sua ira; aquele que não controla os sinais de medo, vivenciará esse medo em grau mais elevado; e aquele que permanece passivo, quando subjugado pelo pesar, perde sua melhor oportunidade de recuperar a elasticidade mental.

O encolhimento: permanece passivo para evitar encrenca, mas isso potencializa a manifestação de doenças, as quais falam ao haver se esvaziado de si mesmo. A mudança de atitude, de modo que sua história passe a ser de sua própria autoria, integra as descobertas durante o tratamento.

26 - Vazio de si mesmo

O ser foi escravo. Havia um senso comum que permitia essa condição, e ao escravo era negada a conexão com sua melhor versão. Mesmo não sendo mais escravo, o indivíduo se auto interdita de sua melhor versão quando está vazio de si mesmo, sem a liberdade da alma, seu maior bem ativo.

O mundo que observa é limitado, e essa observação tornou-se o legado da análise. Passa despercebido o esvaziamento da irracionalidade na pré-adolescente de uma família: lá fora, outra mulher toca o pênis do pai, um cenário irracional, fora das regras. Em casa, ela segue o exemplo da mãe: põe a mão no cabo da vassoura. Na praça, sem ver nada demais, não hesita em pôr sua mão sobre a de quem paquera, cumprindo pela primeira vez sua natureza erótica. Ao ter sua liberdade esmagada pela mãe que a surpreende – pela fofoca do senso comum familiar –, essa inadequação psíquica sofrida, quando analisada, revela ter afetado sua personalidade.

Idem Lowen (p.250): "A inadequação psíquica corresponde, portanto, a uma inadequação genital. Uma não existe sem a outra."

Encolhida, esvazia-se de si mesma para evitar problemas, trai a liberdade e foge com o ditador, vendo-o como apoio, desprezando seu maior bem ativo: a liberdade. Nos dias atuais, no entanto, surgem perspectivas de um novo ser, que no trabalho se faz oportuno: casados com outros, casados ou não, encontram-se para almoçar (transar). A hora do almoço torna-se o álibi perfeito para a sobremesa, um do outro. Menos de um século atrás, a mulher não trabalhava fora. A revolução sexual e tecnológica, como referida anteriormente, estão associadas. No trabalho, a mulher usa roupas; no motel, ela se despe. São, contudo, perspectivas diferentes.

Equinos de raça, tanto o reprodutor quanto a égua, são apreciados. A psicologia do deslocamento, baseada na irracionalidade desses animais, se manifesta de forma instintiva para produzir a sua melhor versão.

A mulher imita a égua; o homem tira foto montado no cavalo para atrair a mulher, que é seu alvo. Quanto mais livre e criativo, mais ele se realiza.

27 - Irracionalidade traída – a função integra, não é a vida

O ser é racional pelo domínio da razão e irracional pelo desejo, atração sexual e a conexão entre corpos. A ruptura inevitável da vida cede lugar à morte. Na transitoriedade dessa finitude, a alma trai a irracionalidade; não aproveite.

A função, conjunto de aptidões na relação com outro conjunto, é a mão que planta, colhe e garante a sobrevivência. O sexo irracional é a evolução da espécie; que cumpre sua naturalidade. A função integra, mas não é a vida, e quando a alma trai a irracionalidade, dá corda à pulsão de morte, autodevorando-se e atirando no próprio pé.

Metáfora das diferenças sociais

O homem estabeleceu que equino puxa a carroça e pelo pedigree é reprodutor. A égua que ele fecunda melhora seus genes; deduz o investimento do dono no pênis do animal de acordo com a raça. Na metáfora feita, na escuta analítica, quando a paciente diz que a motivação para se casar com o atual marido, que nunca houve muito desejo sexual por ele, e que foi aconselhada pelo pai: "namore homem de firma" ela conclui da influência recebida da troca de sexo pelo que bancaria a mesa, em vez de ouvir a sua irracionalidade, com que pênis seu corpo entenderia mais, traindo seu desejo irracional.

Em um animal, o dono investe na sua função – trabalho -, no outro, na sua irracionalidade reprodutora. Entre mulheres no trabalho, há quem apenas trabalhe e quem além de trabalhar se distingue pela irracionalidade não domada pela expressão da égua de raça, que mexe com suas ancas e hipnotiza olhares. Seu espaço de manobra irracional é largo. O sol entra pelas janelas abertas, transforma-se no sonho com hora em que sua irracionalidade sexual se realizará sem certo nem errado no seu voo de borboleta sem fronteiras. Ainda que no último caldo da laranja, se dá um bom caldo, não o desperdiça descobre que a vida é sua; sua escassez de tempo não tem argumento para desperdiçá-lo.

28 - A idiossincrasia emblemática no amor

A fidelidade é sociocultural. A liberdade sexual entre casados fora do casamento é vista como traição proibida. No entanto, ao entrar nessa liberdade de forma consensual e romântica, busca-se a felicidade.

Nos anos 70, foi publicada a edição brasileira do livro: Rogers, Carl R. "Novas formas do amor: o casamento e suas alternativas" (tradução de Octavio Mendes Cajado), 7ª ed. Rio de Janeiro: José Olympio, 1985.

O livro documenta diferentes formas de amor fora do casamento tradicional e parte desse conteúdo será abordada mais adiante. Meio século depois, essa visão alternativa ao convencional, onde o sexo com outra pessoa é usado para reacender a chama do casal, é vista como um tempero que aumenta o apetite sexual e valoriza a singularidade de cada um.

Uma mulher casada, em acordo com o marido, vai ao motel com o amante e sente um prazer intenso. Contudo, educada como uma moça de família que trabalha arduamente do amanhecer ao anoitecer, ela não se entrega completamente a essa travessia íntima. Sua irracionalidade anfitriã, que recebe o amante emocionante, se desnuda e entrega-se ao prazer, não está isenta da resistência inconsciente.

Depois de alguns encontros, ela para de atender o telefone do amante e retorna ao casamento. Sublima sua função: o compromisso e vê como imprópria a entrega intensa que experimentou no motel. Ao refletir, percebe que sua irracionalidade foi momentaneamente satisfeita, mas sente vergonha de sua vulnerabilidade. A sociedade, com seu verniz de moralidade, reforça essa vergonha e a mantém em um estado de culpa.

Rogers (p.72) descreve: "Dick, em seu relacionamento com Gail, experimentou relações sexuais e pessoais com uma terceira pessoa." No casal, havia duas concepções de casamento, como exposto por Rogers (p.73).

> Para Gail, o casamento é uma caixa romântica, em que a gente tem filhos e vive feliz para o resto da vida; depois, é um caixão {...} em que a personalidade do indivíduo; é também uma armadilha em que somos apanhados pelo compromisso; uma estrutura em que somos escravizados e condenados a arrumar a casa e cuidar de filhos; uma espécie de cercado seguro, dentro do qual uma mulher pode residir, sem precisar gostar do marido nem "preocupar-se com ele"; e, talvez, o que é ainda mais importante, sempre uma forma construída por outros.
>
> Para Dick os recintos são diferentes, mas não deixam de ser um cercado já construído.

Meio século depois, quando na sociedade estadunidense se tornou objeto de estudo as alternativas para o casamento, o sexo com outra pessoa ainda é visto como uma idiossincrasia, algo fora do convencional.

Não se pretende aqui criar um manual de felicidade, mas oferecer um apoio, um fundamento. Esta pequena obra, se por acaso ajudar alguém a descobrir sua identidade, torna-se um amigo de papel. E nós o representamos.

29 - Agora ou nunca mais

Figura 4 (Fotografia de Andréa Alcântara). Autor e a esposa Cristina Alcântara

Se agora há o desejo, ele é o caminho. Se o temor o interdita e o tempo passa, ele perde a validade, visto que depende de desempenho físico que declina com a idade. É agora ou nunca mais, esta é a hora de avaliar e deliberar: vale a pena.

Quando se viaja sem estrada percorrida, atravessam-se fronteiras e mergulha-se em si mesmo. Esse foi o significante concreto; o mergulho, e deste, o simbólico, abstrato.

Duplamente, o universo desconhecido, com vida no ecossistema marinho, aquático de deslumbrante beleza, ao mesmo tempo que a fronteira íntima, em que a coragem luta com o temor e o vence.

Na figura 4, eu e minha esposa estamos determinados a fazer o mergulho; na figura 5, seguinte, é a minha vez.

Figura 5 (Fotografia Elizeu Domingues Junior, Mantiqueira.)

Esse lindo mergulho, no entanto, não se confunde com a ausência de obstáculos, pois há limitações que precisam ser enfrentadas e superadas com ações.

Eu nunca havia pensado em mergulhar no mar; sequer sei nadar. Contudo, com a iniciativa e motivação da família que se uniu, mesmo com os filhos morando fora, decidimos fazer o curso de mergulho. Para nós, no último caldo da laranja, a validade de fazer isso mais adiante estaria vencida.

As limitações se apresentaram, com ambivalências: seguir em frente ou desistir antes de vestir a roupa apropriada (fig. 4). No entanto, a superação do temor se fez maior, não para me tornar um mergulhador, mas para saber mergulhar com segurança.

Essa experiência se mostrou oportuna e a abordagem desses momentos extraordinários, com todos da família, é relatada nesta obra que já se finalizava. Ela corrobora a vida, destacando o que é oportuno. Na superação de si mesmo, sentimos o bem-estar da realização, vivendo intensamente em vez de apenas esperar pela morte. Essa realização foi uma emoção intensa.

Dos vários mergulhos realizados e após emergir à superfície, avaliamos o que deu errado. Corrigimos os erros e tentamos novamente. Não desistimos, experimentamos o prazer em uma terra nova, nunca vivida, agora explorada, sabendo aproveitá-la com emoções extraordinárias. Essas experiências refletem a visão extraordinária que propomos para a última etapa da vida, em contraste com a visão das regras impostas pela sociedade, que muitas vezes acatamos de forma submissa.

Pude observar e avaliar o maior temor de toda a minha vida, ocorrido no simples ato de pular do barco, apesar de saber que usava uma roupa que me mantinha seguro sem perigo de afogamento. O temor de enfrentar o novo é a distorção que impede de viver plenamente. A coragem expande a visão, enquanto o medo a encolhe.

As figuras seguintes são imagens da experiência vivida por toda a família.

Figura 6 (Fotografia Elizeu Domingues junior, Mantiqueira Sub): A esposa Cristina e o filho André Luís M. Alcântara

Figura 7 (Fotografia em evento turístico, da filha Andréa Alcântara).

A filha Andréa M. Alcântara na figura 7, já havia estreado no mergulho turístico. Na (fig. 6) minha esposa, sexagenária, está com o filho no mergulho. Na (fig.4) eu e ela, na véspera do mergulho. Cristina, que também é psicóloga, corrobora o significante concreto e o simbólico abstrato se expressando. Apesar de viver seu último caldo da laranja não a impediu de conquistar uma certificação de mergulhadora; *status* internacional (NAUI WORLDWIDE: Certification OPEN WATER SCUBA DIVER).

Figura 8 (Cristina Alcântara no piano em 10/02/2024) – Foto Andréa Alcântara.

Sexagenária, com uma estética física mais jovem, apesar das limitações impostas pela idade, cumpre não só sua natureza como ser erótico, bem como atrai investidores emocionais pela postura erótica e musicais produzidos, atenta a momentos oportunos. Assim, realizou seu primeiro mergulho, como mostra a figura 6, e toca piano com paixão no último caldo da laranja.

O estímulo ao clitóris; ao erógeno na irracionalidade ou à criatividade na arte musical, não importa o quê, mas aquilo que desperta o desejo e este faz o caminho. Denota uma nova versão do ser que legitima a liberdade, potencializando novas formas de viver. Quando desfruta, não desperdiça; avalia o que deve ser descartado e o que deve ser aproveitado.

Sem liberdade, é-se escravo do senso comum, tornando-se uma fábrica de doenças, com gavetas que se transformam em farmácias e distúrbios emocionais, em vez de ser uma fonte de felicidade e amor. Isso é especialmente relevante quando o tempo restante é curto, mas ainda repleto de oportunidades que a vida oferece.

A travessia para dentro de si mesmo alivia o peso das expectativas externas, tornando-se a pessoa para si mesma, o ombro seguro ao qual se apoia.

30 - Conclusões finais: que caldo a vida ainda dá

Extraordinário é um bom caldo; ordinário é o habitual. Cada ser, ao ser, é a sua elasticidade mental ou o espaço de manobra curto.

O último caldo da laranja, com seus novos ingredientes, é uma nova versão de vida alternativa. Kairós, referido anteriormente; não diminui a idade, mas muda a aparência ao avivar o espírito, sua respiração no exercício para viver, em vez do exercício habitual para morrer. O casamento e a família, com suas regulações com apegos ao cercado seguro, em seu reverso inverso é a areia movediça, vira de cabeça para baixo. Protege mais desse afogamento asfixiante em sua jornada feita de caminhadas, ver que a terra é nova em cada desembarque, de modo que se sinta rejuvenescido. Rejuvenescimento sem regulação do tempo medido pelo relógio, quando faz o escrutinio de si mesmo. Pois vasculha suas pilhas de lixo mental e nele vê o que desperdiçava.

A alma que proíbe o corpo de se manifestar pela medida que potencializa a doença revela sua má companhia. Boa, quando ombro ao qual se apoia; a pessoa de sua pessoa: "eu te entendo e apoio" para que atraia investidores emocionais. É o resgate de si da asfixia na areia movediça em que vê perigo em quase tudo, evidenciada pela farmácia nas gavetas. Sua toxicidade se manifesta nas visitas aos médicos, no exercício para a morte. Sexo depois dos 50 não é importante, aos 60 já é caixão com velas acesas no velório, só falta o enterro. Obviamente que não impede a longevidade, embora vazia da arte extraordinária, como a produzida da madeira demolida. Perde a força do elo quando se anda de mãos dadas e essa motivação se esvazia. O que fazer então? Se por acaso, vasculha o lixo mental e descobre:

Ainda dá um bom caldo
Com pimenta, sururu, limão
Ingredientes que destravam
O caldo da laranja

O que está desencontrado é perigo iminente. Na rodada das cadeiras, expressão de que no mundo quem não se prepara perde seu lugar. Não ignora essa perda as próprias relações amorosas: um casal que nem ao menos pensa como vive, antes mesmo de separar, um já perdeu seu lugar para alguém, extra conjugalmente. Freire, Roberto. *Sem tesão não há solução*. Editora Guanabara, Rio de Janeiro, 1987. O título corrobora o miolo todo da obra. A regulação que faz pouco caso do indivíduo, referida anteriormente, fez o ex padre Hellinger, perceber a igreja inutil por visão extraordinária em um mergulho feito dentro de si mesmo. Fizemos questão de embasar o titúlo: O último caldo da laranja, desde pela profundidade da referência bibliografica, das nossas quatro décadas de experiência destravando caldos para que a vida flua.

Na superfície, visualiza montanhas gigantes, faz pouco caso dos cascalhos; sentimentos e desejos que os encolhe. Consequentemente teme a doença, provocando-a. A metáfora de quem mergulha no oceano e em si mesmo pede coragem se expandindo. Assim nós, no mergulho aquático, a percebemos, gerando o tempero que destrava o apetite pela vida. Ela ainda dá um bom caldo.

Referências

ABDO, Carmita. *Sexo no cotidiano*: atração, sedução, encontro, intimidade. São Paulo: Editora Contexto, 2022. ALCÂNTARA, Mamede de. *Renascer*: um processo de amor. São Paulo: Editora Gente, 1993.

ALCÂNTARA, Mamede de. *Terapia pela roupa*. São Paulo: Mandarim-Siciliano, 1996.

ALCÂNTARA, Mamede de. *Pontuando a mente a cada instante*. São Paulo: Caminho das Ideias e Navegar Editora, 2006.

ALCÂNTARA, Mamede de. *A crise depois da formatura*. São Paulo: Giz Editorial, 2009.

ALCÂNTARA, Mamede de. *A missão da roupa: da moda ao discurso nas performances*. São Paulo: Porto de Ideias, 2010.

ALCÂNTARA, Mamede de. *Outra forma de amor*: "Cachorro Gato", membros da família multiespécie. São Paulo: Labrador, 2023.

ALCÂNTARA, Mamede de. *Envelhe © Ser – Rejuvenescendo: a revolução Kairós nas escolhas*. Curitiba: Appris: Artêra, 2024.

BAKER, Robin. *Guerra de esperma*. Rio de Janeiro: Record, 1997.

DARWIIN, Charles, *The expression of Emotions in Man and Animals*. London, John Murray, 1872 EDINGER, Edward

E. O arquétipo cristão: um comentário junguiano sobre a vida de Cristo. São Paulo, Cultrix, 1987

EISLER, R. *O prazer sagrado*. Rio de Janeiro: Rocco, 1995

FISCHER, Helen E. *Anatomia do amor*: a história natural da monogamia, do adultério e do divórcio. Tradução de Magda Lopes e Maria Carbajal. Rio de Janeiro: Eureka, 1995.

FLAVELL, John H. *A Psicologia do Desenvolvimento de Jean Piaget*. São Paulo: Pioneira, 2001.

FREIRE, Roberto. *Sem tesão não há solução*. Rio de Janeiro: Editora Guanabara, 1987.

FREUD, Sigmund. *"The Dinamics of Transference"*, *Collected Papers II*. London, Hogarth Press, 1953

HELINGER, Bert. *Meu trabalho. Minha vida. A autobiografia do Criador da Constelação Familiar/ com Hanne-Lore Heilmann*; tradução Karina Jannini. São Paulo: Cultrix, 2020

LINS, Regina Navarro. *Novas formas de amar*, 9ª ed. São Paulo, Planeta, 2017

NIETZSCHE, Friedrich. *A gaia ciência*. São Paulo: Martin Claret, 2006.

LOWER, Alexander. *O corpo em terapia: a abordagem bioenergética, 5ª edição*, São Paulo: Summus, 1977.

LOWER, Alexander. *O corpo traído*. São Paulo: Summus, 1979.

MASCARENHAS, Eduardo. *Emoções no divã de Eduardo Mascarenhas*. 8ª ed, Rio de Janeiro, Guanabara, 1985.

PAZ, Otávio. *Um mais além erótico*: Sade, tradução Wlamir Dupont, São Paulo, Editora Mandarim, 1999.

RATEY, John J. *O cérebro*: um guia para o usuário. Como aumentar a saúde, agilidade e longevidade de nossos cérebros através das mais recentes descobertas científicas. Rio de Janeiro: Editora Objetiva, 2002.

REICH, Wilhelm. *A função do orgasmo*. 15. ed. São Paulo: Editora Brasiliense, 1975.

ROGERS, Carl R. *Tornar-se pessoa*. São Paulo: Editora WMF Martins Fontes, 2009.

ROGERS, Carl R. *Novas formas do amor*: o casamento e suas alternativas. 7ª ed. Rio de Janeiro, 1985.

WEIR, Stepen. *As piores decisões da história*: e as pessoas que as tomaram. Rio de Janeiro: Sextante, 2014.

pólen bold 90 gr/m2
tipologia calisto mt
impresso no inverno de 2024

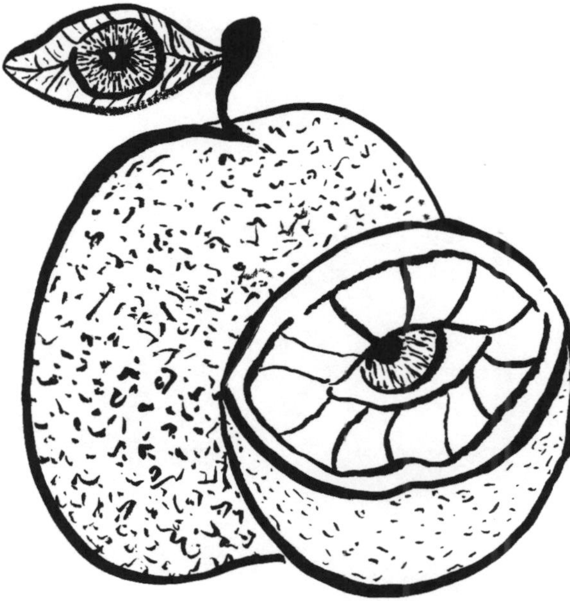